TOUMIOU

OU

LOUS TRES MALHURS DE CATIN ET DE BERNAT

POÈME

COMIQUE BURLESQUE EN QUATRE CHANTS
ET EN VERS PATOIS GAVACHE

PAR

CAPUS

dit Albigeois, ouvrier cordonnier, élève de la nature.

> L'on pot pas s'empaxa de rire,
> Bescan aquel suxét noubél.
> LE PÈRE LA JOIE.

ALBI

IMPRIMERIE DE S. RODIÈRE.

1864.

TOUMIOU
ou
LOUS TRES MALHURS DE CATIN ET DE BERNAT

Poéme Comique Burlesque en 4 chants
et en vers patois gavache (1).

APOLOGUE.

Albrosés humains, benés per escouta
Lou redit estounant que bous boou racounta.
Sans doute fremirés apprenén l'abanturo
Que cal pas mettre al reng d'uno caricaturo.
Lou fet es doulourous : Cal ploura. Cal xemi;
Dy pensa soulomen empaxo de dourmi.
Tres malhurs arribax, et toutes remarquables
Permeses pel pouder d'uno foulo de diables.
Proubaroou que lou sort, quant ne bol à calcun
Tusto coumo lou mal quant enfounço lou cun.
Bernat et sa Catïn, troumpax per liours maynaxes,
N'oun presentoun l'exemple enbirounax d'outraxes.
Se daban bostres éls boou mettre lou tableou,
Escoutas moun recit et cresés al puleou.
Aymi pas lou Toumas que bol fa l'incredule
Ainsi qu'abance pas, car bal may que recule.
Aymi l'ome que crey qu'un ourrible destïn
Gastet tout lou fricot de la paouro Catïn,
Et que faguét trouba la mouletto sendeuto
Coumo lou goust que ran uno sabour pudento.

(1) e, en patois se prononce un peu ouvert.
é, plus ouvert se prononce comme en français.

Et que lou paoure cat toumbet dins lou toupi
Per si debourra tout, apéy per y croupi.
Anfin boou coumença lou drame deplourable
Qu'à la pousteritat restara memourable.
Més à la counditiou qu'un sceptique entestat
Bengo pas daban yeou dire qu'es pas bertat.

CANT 1er.

Despéy douze printens Bernat dins soun menaxe
Goustabo lou bounhur del pus hurous mariaxe.
La sensiblo Catïn per randre hurous Bernat
Dins un mes accouxet de Toumiou soun aynat ;
Et noou meses aprép l'hurouso Proubidenço.
De Peyrou lou catet permetét. la nayssenço
O coumble de bounhur ! Bernat tout attendrit
De soun sensible amour embrassabo lou fruit.
Quant Catïn tout d'un cop per groussi la famillo
En lansen un soupir accouxo d'uno fillo.
D'un double accouxoment nostre paoure Bernat
Ne resto tout counfus, mémes tout estounat,
Quant un crit de Catïn prouduit per la couliquo
Fenis de lou counfoundre et di coupa la xiquo.
— Coussi, el se disié lou binto set de may,
Catïn, de fa defans finira pas xamay ;
Hélas ! paoures droullous, baillé may qu'y restesses.
Dount bous faray dourmi? n'aouray pas prou de bresses.
Del tens que dis aco Catïn crido pu fort...
Aquel paoure homme alors y dis ame transport :
Catïn ! paouro Catïn ! Me mettes fort en peno ;
Se t'arrestos pas leou finiras la douxeno.
Axo piétat de yeou ! Finis aquel trabal,
Ou pla léou al sigur ne rampliras l'oustal.
Oubeis me, Catïn, ou cresi Diou me prengue,
Que tout aro boudras imita la mesengue

Apey ount troubaras cottos et bourrassous,
Se, coumo l'aousselou, ne fases binto-dous...
De drolles n'aben prou : Toumiou, Peyrou, Belloto,
Et lous tres cagnouttous qu'a faxes la cagnoto.
La catto dins un mes fara coumo tu fas !...
Ensi beses, Catïn, qu'aourién trop d'embarras.
Abés xamay fenit! lun cago, l'aoutre pisso,
Et quand un bol d'aouriols, l'aoutre bol de salcisso.
L'un plouro, l'aoutre ris, l'aoutre crido : Papa !
Boli de rasimat am'un gros tros de pa.
Anfin es un ifer dabe tant de famillo,
Et surtout quand abés qualque poulido fillo,
Que se laysso rabir aquelo bélo flour
Que se fletris taléou que sentis la calour.
Aqui gna prou de dix. Escouto, Catinélo :
Fay bint mascles se bos, mes pas uno femélo.
— Sies un ourixinal, ou te disi, Bernat ;
Sabes que foou de Dious la sainto boulountat.
Aquos el que permet que debengo fecoundo
Quant sa gracio me fa debeni touto roundo.
Et surtout quant lou ser me prenes sus xinouls
Et que per badina me fas de gratigouls,
Se per me fa bisca Cupidoun te talouno
Oubeis y touxoun, et pren ço que te douno.
Siégo de pels de lébre ou de pels de lapïn,
T'en debes countenta sans regla lour destïn.
Ta lougico, Bernat, sentis la fi del mounde ;
Més escouto m'un paou, qu'en dous mox te counfounde:
Las fillos, siban tu, sou de mobles de trop ;
Aqui pérdes l'esprit, car ay bist may d'un cop
Qu'abiés besoun de yeou quand éros moun fringayre
Coumo per respira l'home a besoun de l'ayre.
T'en debes rapela del ser qu'éros bandat,
Que pourtabos lou sabre et l'habit de souldat.
Me parlabos frances, et me disiés : Ma chéro,
Je ne partirai plus pour l'armée de la guerro.

Aro sey tout à toué, lou sort m'a proutegé,
Et j'aribo béncur avecque moun coungé.
Oh! quel bounhur pour moué de vouér ma ménagéro
Surpassér en baouté la réyno de Cythéro.
Elle a vién plus d'ésprit que la véle Ninon.
T'en debes rappela, car yeou te disié: non!!!
Et d'espey qualque tens te siés dounat un ayre
Que certos n'abiés pas quant éros moun fringayre.
Alors éros tout dous, aymabos ma béoutat
Et n'éri per touïs éls qu'uno dibinitat.
Aquel tens n'es pas pus; aro sey mens qu'un zéro
Et me plaços al reng de l'hourriblo mégéro.
Al loc d'éstre sansible à moun cruel tourmen,
Rebutos lou dous fruit de moun accouxomen.
Et per lou soul moutif que n'aymos pas las fillos!...
— Qu'as dix, paouro Catïn, que diantres me babillos?
Las aymi may que tu, et s'appreandi tan,
Es que sabi fort pla que l'amour charlatan
Debito soun enguen an aquelos droullotos
Dount sa bertut las fa debeni redoundotos.
Et per millou banta soun efficacitat
Liour assuro ques propre à garda la santat.
Per gueri bostre mal liour dis ame sa blago:
Passas ne douçoment un briqou su la plago;
Ame quicon de dous frixounas la doulour,
Pla fort xuscos aoutan que bengo la calour.
Se dins un paou de tenps siés pas toutos guéridos
Et se debenés pas frescos et pus poulidos
Xuri per saint Jupin de reprene l'enguen
Et de bous ranboursa la soumo de l'arxen.
Ainsi besés, Catïn, say pas tort de me planxe
Quand l'entendi que ten un discours tan estranxe.
Counouyssi lou filou, sabi que soun caquet
A may d'uno beoutat à fletrit lou bouquet.
Quant lou boutou peris, adiou! la bélo roso
Se fletris aban déstre à peno miéxo closo.

Cértos ya pas loungtens que la teou, ma Catïn,
Esproubét la rigour d'un senblable destïn;
De soun desastre affrous ne gardi soubenenço :
La paouro periguét faouto de rexistenço ;
Et malgré tous grands souens benguét à s'effuilla
Quand l'amour se maynet de la t'esparpilla.
Ainsi per bese pas tas bélos flours fletridos
Las drollos que faras las fagos pas poulidos.
Touis atraix toou coustat un deluxi de plours.
Al moumen que cresiés que nérou que de flours.
Se la fillo qu'as fax te semblo de bisaxe
Sién perdux ; à quinze ans douno soun cor en gaxe.
Mais aban que lou sort y prepare l'afrount,
Et que paouse soun det sur soun pudique frount,
Boou prega lou boun Dious que lou nas de Béloto
Ressemble trait per trait à lou de la cagnoto,
Et que sous poulix éls decourax pel l'azur,
Que nous offro lou cél dun xoun seren et pur,
Al loc déstre brillans, byous, douces, amourouses,
Que bengou pel l'amour rouxes et lagagnouzes;
Que sous pélses bouclax, fis coumo de belour,
Que de l'or lou may pur imitou la coulour,
Bengou coumo lou pel d'uno bieillo macaco,
Et rouxes et groussiés coumo de pel de baco ;
Et que l'albatre pur qu'ofro sa bello pel
Bengue negre et ternit coumo moun biel capel ;
Que sas poulidos dens, qu'en blancour res n'egalo,
Bengou coumos cayssals d'uno biéllo cabalo ;
Que soun pé tant cambrat que xarmo lous amours,
Bengo plat et pareil à la patto d'un ours ;
Que sa poulido boués, claro, douço, sounoro,
Imite per canta l'aquouatiquo pecoro....
Catïn finirié be de traça la lédour,
Més crainti de blassa la timido pudour.
Malgré que lou pourtrait siégue un simple moudélo,
Qu' y ressemble, et beyras que sera pas trop bélo.

Et per aquel mouyén aquel fripoun d'amour
A ta fillo xamay xougara pas lou tour ;
Aoura bél en secret y prepara sa doso,
Soun mourre abouminable y defendra sa roso.
— Bernat, aqueste cop sigur rasounos pas.
Yeou te podi prouba que l'amour y bey pas.
Car quant aquel malin as tendrouns fa la guérro
A palpos del plase trobo lou santuéro.
Siégue lét ou poulit, an el yes fort egal ;
En crouquen un tendroun y trobo soun regal,
La beoutat a soun palp n'a pas la pél pu fino
Que nou l'a la lédour dins sa missanto mino.
La tendresso per el es un rare trésor,
Et bous cheris touxoun quant abés un boun cor.
— Parlant del cor, Catïn, me debenes proupiço ;
Car l'ay pas mentiounat quant ay traçat l'esquisso.
Mes malgré moun oublit debendra pas milliou ;
Souéti que bengo dur, pu dur qu'un gros caillou.
Et se xamay l'amour l'aflixo d'un desastre,
Sigur que sera pas tendre coumo de plastre.
Lou pouyra be crouqua, més se n'es pas madur
Xuri, fe de Bernat, que lou troubara dur.
Et tu diras pas may que toun home radotto,
D'appreanda pel sort de la paouro Bélotto.
— As rasou per aco, més crey, paoure Bernat,
Que pourtan en nayssen nostro fatalitat.
Aouras bel la garda, se l'amour la te xarmo,
Se blassara sigur, en manexen soun armo.
Et cresi que se bos ebita lou malhur,
D'enploura lou boun Dious lou mouyen es pu sur.
— O Catïn, as rasou, preguen la Proubidenço,
Et disputen pas may sul moutif d'impourtenço.
Per nous ayma touxoun aguen toutes boun cor,
Et garden dins loustal lou pus parfait accor.

APOLOGUÉ
DEL CANT DOUZIÉME.

Bernat ame Catïn bouillé bioure tranquile;
Mais malhurousomen ero pas trop facile.
Car qualque tens aprép un demoun infernal
Susçitet dous malhurs per refa baccanal.
A lous bous retraça moun crayoun se rafuso,
Et liour bilen aspect espoubento ma Muso.
Més boou fa mouys efforts per fini lou tableou.
Et bous traça l'hourrour d'aquel hourrible fléou.

CANT 2ᵐᵉ.

Lou xoun de saint Salbi Catïn, siban l'usaxe,
Met lou boulit al fioc, ét dis à soun maynaxe :
Toumiou, l'enpusaras, et se bol pas brulla
Y metras d'estélous et lou buffaras pla.
De liour douna quicon liour fa béllo proumesso,
Et partis subito per entendre la messo.
Toumiou buffo lou fioc, et Catet al cantou,
Dessus sous xinouillous fa saouta lou catou.
En lou lansen trop naout pel las ferrios lou xito,
Et Rominagrobis toumbo dins la marmito.
Lou besquérou pas pus, lous bouls l'engloutiguérou.
Fort inutilomen lous paoures lou plourérou.
Lou xagrin se passét al bout d'uno minuto.
Doublidérou del cat la fatalo culbuto.
Toumiou buffo lou fioc : la soupo ba boun trïn,
Car doublidabo pas lous ordres de Catïn.
A forço de buffa, sa bouno mayre arribo,
Que countento de bese uno flamo tant bibo,
Y dis : Boun, moun efan, besi quas oubeit :
Te proumeti q'aouras un gros tros de boulit.

Quant toun payre bendra la soupo sera présto,
Et la me cal tailla car n'ay pas tens de 'résto.
Tu, pendent aquel tens, cour, bay serca de bi ;
Porto ne cinq cartous : nous cal fa saint Salbi.
Tous parens d'Ambialet et de La Coundoumino
Debou pourta cadun uno grosso galino.
Ame dioous et de lart la te boou pla farci...
Més qu'entendi? bay leou ! sou toutes tres ayci !
Siégues lous pla bengux ! adicias, moun bel frayre,
Et coussi bous pourtas? - Pla. - Et bous, moun bél payre!
— Ba bien, et tu Catïn ? - Pas mal. - Et lous droullous?
— Boou fort pla, més Toumiou soufris dés créysselous.
— Acos lou mal que pren a touto bouno grano.
Per lou fayre passa bous cal pas de tisano,
La soupo de po blanc es un remédi prount...
— A la qu'anas manxa sigur ya pas d'afrount.
Car à ço que yai mes pot éstre qu'exelento ;
Et bite manxen lo, car lou bouilloun me tento.
— Salo dounc lou boulit. — Bernat, siés un nigaout,
Lou salarien apey, layso lou tene caout.
— A qui gna prou de dix sufis d'uno paraoulo.
— Moun payre aprouxas bous ; anen toutes à taoulo.
Anen ! serbissés bous cadun de soun coustat.
Quant lou plat es tout round, pren à sa boulountat.
Ebe que ne disés ? — Permoyottos es bouno!
Al sigur que yas mes quicon que l'assasouno.
— O ! oui, cresés ou bien; anen ! regalas bous.
Per que la troubas pla, fagues pas de fayssous.
Et tu Bernat, toun goust? — Yeou trobi que bourrexo !
— Pardi ! la manxos pas, al sigur que be frexo.
N'abén manxas dexa cadun tres platounax.
Te besquen fa pinquet, sien toutes estounax.
— Catïn ! m'entendes pas, et cresi que siés sourdo.
Et se ne manxi pas es que siés uno lourdo :
A cado cueilleyrat trobi de pélses fis ;
Et per ne manxa pas aco soul me sufis.

— De pelses fis, Bérnat ! es puléou qualque coueto
De pore, de persil, ou beléou de bineto.
— Oh ! oh ! canto canto de couetos de pérsil...
— Entoucas fay miliou : mostro los a Francil.
— Yeou te dise quas tort. — Ba! siés un aridélo
Et s'y beses pas clar, aluco la candélo.
Un bouilloun exelent, suculant, delicious
Que remetrié lous morts et restoro lous bious !
Payre, per y prouba que sou pas que de couetos,
Dias y que las mostre et metés las lunettos.
Et sigur que beyra qu'es un gros entestat
Quant mettres à souys éls la puro beritat.
— Gnas aqui dexa tres, bilén cap de bourriquo !
Digos qu'y sou bengux soulex ou per phisiquo.
— Fay bese, moun efan; bescan cal a rasou ;
Car souy présque sigur que sera Catinou.
— Ame bostres quatre éls touxoun taxas d'y bese,
Que me soustengues pas qu'un coudoun es un pese.
— Escouto, moun efan, toun payre es pas testut.
La bilo d'Ambialet respecto sa bertut.
Toun payri margulier, mort à La Coundoumino,
Attesto la grandour qu'ay din moun ourixino.
Lou prencipi del be m'a pas xamay quitat.
Et crey que boou per tu fa probo d'equitat.
Oun sou tous pélses fis? — A qui dins la culiéyro.
— Et qunos couetos sou ? gni n'a pas cap d'entiéyro.
Cepandant bous diréy se ne cresi mouys éls,
Q'acos semblable al crin que ne foou de curbéls.
Un moumen ! Un moumen ! Ma bisto be pu fino.
Et me semblo qu'acos de bourro de faguino !
Ou se n'es pas aco, se pouyrio que Catïn
A mes dins lou bouilloun un quéysou de lapïn,
— Bel payre, bous troumpas ; et n'en séy pla siguro,
Car la puro bertat pares sur ma figuro.
Per fa gras lou bouilloun yaï mes de boun moutou,
Et per lou randre rous yaï brullat un croustou,

Uno cabosso d'al, et yaï mes per oulado
Un caoulet de Gaillac per lou mettre en salado;
De pebre ame de sal, de porres, de persil,
Et per y douna goust yaï mes qualque rancil.
Un cop lou moutou queyt, yaï meso la binetto,
Et yaï layssàt toumba qualque pixouno couetto.
— Bello sorre, attendés, dins lou founs del platou
Me semblo que yaï bist de bourro de moutou.
— A... prepaous! es bertat, gna souben pel la biando.
Ébe, n'es pas à tort que Bernat me gourmando
Boun empaouso touxoun ame sous pélses fis;
Car crey que sou del cap, ou beléou des...soucis
— Enfin paouro Catin, siés uno biello cledo;
Car sou pas de moutou, ni de cap, ni de fedo.
— Bay, bay, per que bos pas la qu'as dins lou platou
Per feni tout aysso gardo lo pel catou.
El se regalara d'uno soupo tant bouno...
Appelo-lou, Toumiou. — Mouno, mouno, mouno !
— Miaou. — Ah! tu siés aqui? més ount es lou catou?
Agaxo ce n'es pas à praquis al cantou?
Deou pas éstre pla len, car l'ay bist ya pas gayre:
Minou, minou, minou! lou trobi pas, moun payré.
— Coussi lou trobos pas? ount sera dounc anat?
Ses sourtit, al sigur lou nous aouroou panat.
Moun Dious, qu'éro poulit: bay lou cerqua de suito,
— A... prepaous, Peyrounel la mes dins la marmito;
En lou faguen saouta l'a xitat pel cremal,
Y cridabi be prou : Calo qu'y faras mal...
— Et dins qu'uno, Seignur ? — Et dins la de la soupo.
— Tabe m'estouni pas se lou bouilloun se coupo.
Béni, béni, Catin, me trata de niguaout.
Sales pas lou boulit, laysso lou tene caout!
Esprit de biél demoun, entestado cerbélo,
A moun coumandomen siégues pas may rebélo,
Xito tout lou boulit, et sans may de rasous,
Quant entendras crida lous estamabrasous,

Fay lous bite mounta, qu'estamou la marmito.
— Un moumen, un moumen ; aysi res nou se xito.
Ç'aco te coumbe tan, podes xita lou cat;
Més lou boulit es bou, quoiqu'y ague toucat.
Yeou m'en regalaray, car à La Coundoumino
Trouban bou lou raynard, lou loup, et la faguino ;
Tout biél souldat qu'a bist las flamos de Mouscou
Manxo tout cru lou gorp, lou gax, et lou falcou.
Françil pel l'apetit tiro tout de soun payre,
Et n'es pas que faxat quand bey que gna pas gayre.
Lou cat que bos xita, tendre coumo un poulet,
Se poudié de sas dens l'atrapa pel coulet,
Lou beyriés dispareysse al mens de tres boucados,
Et que certénomen serioou léou abalados.
El es pas coumo tu ; car siés fort dalicat
De boule pas manxa de boulit, ni de cat.
— Un cat sans espela, la tripo touto pleno !
Poudés fort pla sans yeou boun rempli la bedeno.
Manxas xusquos aoutant que bous sorte peys éls,
Et m'en parles pas may; car randrié lous bedéls,
Et cértos sans besoun de prene lou metiquo.
Ensi per que l'aymas crouquas y la naziquo.
Yeou penden aquel tens sey d'abist de fa'n tour,
Car l'aoudour me fa mal : seray leou de retour.
Catïn ! sans may tarda met te bite en cousino ;
Ame d'iòous et de lart farciras la galino.
Quand moun payre et Françil se seroou regalax,
Doublides pas amens de pla laba lous plax.
Més à prepaous... al fars y metras la sanqueto,
Et per que gnaguen prou faras uno mouleto.
— Tu bas beoure lixaou. — Nou car n'ay pas pla set.
Més beouray l'aygarden en passen chez Besset.
La soupo me fa mal, me semblo que boou randre ;
Hurous se ba foou pas aban que de m'y randre.
— Bay léou, paoure Bernat, boumigos pas ayci ;
Car de fa coumo tu nay presque lou souci.

— M'en boou en courreguen quoique siégue pas leste.
— Bay ! quand retournaras lou soupa sera préste.

CANT 3me.

Am' un grand mal de cor nostro paouro Catïn
Se met à prepara lou douziéme festin.
Françil labo lous plax, lou payre las culiéyros,
Toumiou trusso de sal et remplis las saliéyros.
D'ins un biral de ma tout seguét preste al cop.
Lou bel payre et Françil tournérou beoure un cop.
Catïn néro pas pla ; quicon la tracassabo.
Al moumen que sentis que lou fars se brullabo
Lou fa bite saouta, més un malhurous rot
La fa sans ou boule degula sul fricot,
Et se met à quirda: Qu'un malhur ! séy perdudo !
La soupo d'aquel cat sul soupa l'ay rendudo.
Et lou bel payre y dis : Per que tant t'afflixa?
Un rot nous pouyra pas empaxa de manxa.
— Xésus moun Dious! Bernat lou troubara trop agré.
— Y diras que yas mes un filet de binagré ;
Et s'es pas à soun goust, meten touxoun lou cas,
Te xuri que Françil y renounçara pas.
Anen, despaxo te, preparo la mouletto.
Tu, Toumiou ! bat lous yoous am' aquello fourquetto.
Yeou tourni beoure un cop : abouey séy alterat.
Certos ! beouray pas pus quand seray enterrat.
La sansiblo Catïn plounxado din la peno,
Se decido pourtant à mettre la padeno.
Met un manat al fioc et pren un escabel
Per poude despenxa un tros de radabel.
Dos minutos aprép la padeno fresino,
Et tout auguro fort uno bouno cousino.
Lous yoous sou relebax... Mes lou paoure Peyrou
S'escano de ploura segut sul cadieyrou.

Catïn l'escouto pas, fa saouta la mouletto.
Més pourtant quand enten que soun maynaxe petto
La paouso pédol fioc, et ba bite serca
Un tros de bourrassou per poude lou tourca.
Lou drolle abié cagat : elo bite lou lébo
En y diguen : Salop, manxos tant que te crébo.
Despaxo te lourdoou, lébo tous coutillous,
Que te torque lous rens, lou xioul et lous talous.
Pas peléou retroussat, te fa no fouyroulado.
Que la mouletto n'es presque touto arrousado.
Se dins aquel moumen aguésses bits Catïn
Un pelliot à la ma, menaçant lou destïn,
Aouriés dix que lou cel quand nous lanço la foudro
N'a pas may de furour per nous reduire en poudro.
Lou payre ame Françil de taoulo se lebérou,
Et de la bese fa toutes dous' ne tramblérou.
Qu'as dounc, paouro Catïn? y diguét lou bel payre?
— Ya de merdo peys yoous et la podi pas trayre.
Un xoun de saint Salbi, xés qu'un xoun malhurous !
Qu'alle xita lous yoous per un pet tout fouyrous?
— Coussi que per un pet xitariés la mouleto !
Se calié tout xita quant un maynaxe peto
Cresi fort que xamay pouguessen res manxa.
Ensi te douni tort de te descouraxa.
Escouto me, Catïn, siégues pas incredulo,
Remeno pla touys yoous ame toun espatulo.
Et remet lous sul fioc pel lous pla fa rousti.
Te xuri que lou pet y pouyra pas senti.
Lou payré guin dis tant que Catïn pren couraxe,
Et fricaso lou pet qu'abie fax soun maynaxe.

CANT 4ᵐᵉ.

Despey dos houros prép Bernat éro partit,
Et tournét en diguen qu'abié boun apetit.

Catïn à soun marit 'abié tengut paraoulo ;
Car n'aguet en dintren que de se mettre à taoulo.
Digus serbiguet pas et per hounestetat
Cadun din soun platou prenguét à boulountat.
Lou bel payre et Françil bourrabou coumo un ogre ;
Bernat manxabo be, més paressié fort sobre.
Catïn ame douçour y dis : Ebe que fas ?
Dises qu'as apetit, et pourtant manxos pas.
N'es pas dounc a toun goust. — Nou, car trobi qu'agrexo,
Et de ne manxa may certos n'ay pas embexo.
— Pourtant es be pla bou : manxo ne qu'a boun goust,
Es mémes pus friant que lou millou ragoust.
Quand yaguéssos be fax uno salso à l'ouranxe,
Nou me tentara pas : qui l'aymo, que la manxe.
Toumiou, yas més quicon ? bay t'en car siés perdut.
— Moun payre ! acos pas yeou ! ma mayre ya rendut
— Ount dises qu'a rendut ! — Din lou plat a fricasso ;
— La pésto sio de tu ! cousinieyro pourcasso,
Boumi desul fricot; pey dire qu'a boun goust,
Qu'es mémes pus friant que lou millou ragoust !
— Escouto, moun efan, Catïn éro debilo,
Et lou sanglout ya fax rendre touto la bilo.
Ensi gna pas aqui per éstre tant brutal,
Car n'a rendu qu'un xus clar coumo de cristal
Et que cérténomen fa pas tort à la sarço.
Més se tu l'aymos pas, manxo un paou de la farço :
Aproxo li toun nas, beyras coumo sentis !
Quant es entre las dens diriés qu'es de pastis.
— Payre, ne boli pas ; boou manxa de mouleto.
— O, mou fil, axo souen de ta fino bouqueto !
— Aymi may saboura lou boun goust del persil,
De l'ioou rous coumo l'or et de calque rancil,
Que d'ana m'entougna d'uno poulo farcido
Am' un deguladis que doustarié la bido.
— Ebe s'es per aco que crentos lou trespas,
Manxo, manxo touys yoous : yeou lou crentaray pas.

— Ne boou bite manxa, car lour coulour me tento.
Més, moun Dious, qu'es aysso ? la trobi poun sendento.
Sey sigur que Toumiou ya mes qualq'ioou cougat.
— Moun payre, bous troumpas ! Peyrounel ya cagat.
Sans ou boule fa sprés, d'un cop de pettarado
La mouletto seguét de cacay barbouillado.
— Ébe ! lorsque cresié de pla me regala
Me trobi sur un pun de cale degula.
Al sigur mouriray ; car la bourro m'aoufego ;
Din moun enguladou cado brin se bouléго ;
La soupo daquel cat et lou deguladis
Sou caouso que per yeou diroou de proufoundis.
Sort cruél ! à moun axe abe un pé dins la caysso !
Paoures fantous, abouéy bostre payre bous laysso :
Abe tant de talen, et poude pas manxa !
Se d'un mal tant cruél yeou m'en poudié benxa !
En prenguen l'escabel ou la remenadouyro
L'esquino de Catin pagarié be la fouyro.
— Coussi, paoure Bernat, que seriés tant cruel
De me fayre paga lou pet de Peyrounel?
— Et toun deguladis ? — N'es pas que de salibo ;
Se lou bos radouci mes y d'oli d'elibo.
— Quand y mettéssos be cent quintals de sirop
Per radouci l'agrun gn'aourié pas dexa trop.
— Aqueste cop, Bernat, perdés la trémountano !
Car dises cent quintals per me serca xicano.
— Biéllo nipo que siés, lou te caillé tasta,
Et sentiguan l'agrun, n'abiés qua lou xita.
— Coussi, mou fil, xita d'exelento fricasso ?
Se per toun missan goust n'es que de ragougnasso,
Toun payre ame Francil s'en régalarooun pla ;
Car perdou pas de tens quant s'axis d'engula.
Pren exemple, mou fil, à nostro bouno mino,
Et siégues pas tant grec sul pun de la cousino :
Agaxo, benes sec, xaoune coumo'n citroun,
Et pérdes l'apetit à l'aoudour d'un estroun.

Tou frayre un xoun manxet uno grasso goussetto
Et tres pixous goussex qui succabou la teto,
Enfin un aze mort troubat dins un balat
Dins lou mens de tres xouns l'aguét tout abalat ;
Tabe se porto bien ; agaxo sa frimousso,
Se proufito del grays de l'aze et de la gousso.
Bay ! quand sera souldat crebara pas de fan,
Car manxara s'ou cal, de rat et d'elefan.
Se n'abigo sus mar, croucara de balenos.
Quant aoura soun counxet n'aoura las tripos plenos.
Et dins un cas pressant quant tout es acabat
Mauxara de tripous de berp et d'escrabat ;
De liouns, de fourmix, d'ourses et de clabetos,
Et des yoous de serpen ne fara de mouletos.
Se bol, pouyra manxa de fouyro de camel ;
L'Afriquo ne prouduis douço coumo de mel.
Bay ! s'un cop es souldat et que porte lou sabre,
Cresi fort que xamay soun cors nou se delabre.
— Que manxe se l'y play las cornos de satan,
Et m'en parles pas may, car siés un xarlatan.
— Lou xarlatan, mou fil, t'a tourcat en bourrasso,
Et per paga sous souéns insultos à ta raço ;
— Payre ! excusa me dounc, la fan fa desparla ;
Besés qu'un pet fouyrous m'enpaxo d'abala :
Lou mal de cor me pren, boou rendre la mouleto,
Toumiou, fay me tiédi d'aygo su l'escalfeto.
— Escouto ! moun efan, del temps que bas boumi
N'aoutres anan soupa, péy anaren dourmi.
Un cop lou fanal ple, beyras à nostro mino
Que lous nigaous sou pas dins nostro Coundoumino.

Le Sr CAPUS auteur de cet ouvrage en poursuivra le contrefacteur suivant toute la rigueur des lois.

Albi, Impr. de S. Rodière.

www.ingramcontent.com/pod-product-compliance
Lightning Source LLC
Chambersburg PA
CBHW071437060426
42450CB00009BA/2222